AF290331

LA GRAN RECESIÓN

La explosión de la burbuja inmobiliaria
y los excesos de la especulación

Por Anastasia Samygin-Cherkaoui
Traducido por Laura Bernal Martín

Economía y empresa 50MINUTOS.es

LAS CLAVES PARA EL ÉXITO

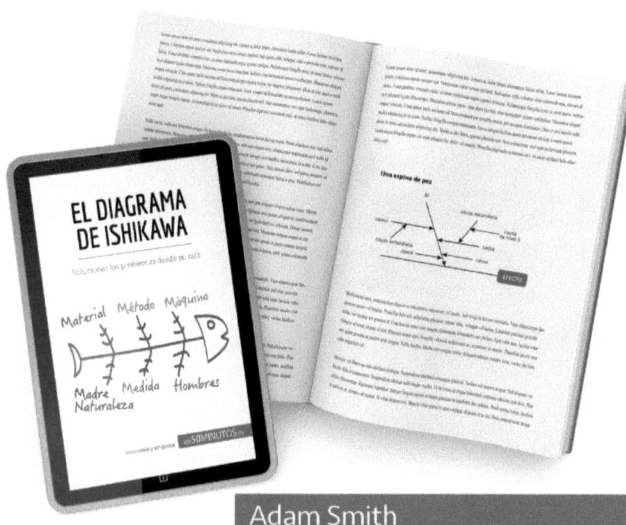

50MINUTOS.es

Adam Smith

El principio de Pareto

El estrés laboral

La pirámide de Maslow

www.50minutos.es

LA GRAN RECESIÓN (2007-2009)

LA EXPLOSIÓN DE LA BURBUJA INMOBILIARIA Y LOS EXCESOS DE LA ESPECULACIÓN

- **¿Cuándo?** Entre 2007 y 2009.
- **¿Dónde?** Arranca en los Estados Unidos antes de alcanzar a la economía mundial.
- **¿Contexto?** En los Estados Unidos, el estallido de una burbuja inmobiliaria especulativa va a conllevar el impago masivo de los prestatarios. Así, se desvela la existencia de un mecanismo de préstamos de alto riesgo, con unos organismos prestatarios que transfieren sus responsabilidades a otros a través de la titulización.
- **¿Protagonistas?**
  - La Asociación Federal Nacional Hipotecaria («Fannie Mae» o FNMA, por sus siglas en inglés) y la Empresa Federal de Préstamos Hipotecarios para Viviendas («Freddie Mac» o FHLMC, por sus siglas en inglés), ambos organismos parapúblicos.

- Los grandes bancos de negocios y compañías de seguros estadounidenses: Goldman Sachs, AIG, Lehman Brothers, Morgan Stanley y JPMorgan Chase.
  - Michael Burry (mánager de gestión alternativa y médico estadounidense, nacido en 1971) y Steve Eisman (inversor estadounidense, nacido en 1962). Se encuentran entre los primeros inversores que prevén la inminencia de la crisis de los préstamos de alto riesgo.
- **¿Palabras clave?**
  - *Subprimes* o préstamos de alto riesgo: en los Estados Unidos, préstamos otorgados a personas poco solventes para la compra de bienes inmobiliarios u otros.
  - Titulización: mecanismo puesto en marcha en los años 1990 que permite que un banco venda en forma de títulos los préstamos que ha otorgado.

En 2008, el mundo descubre otra cara de América: la de la burbuja inmobiliaria y la crisis financiera. Descubrimos prácticas financieras que arrojan a la calle a miles de familias estadounidenses, que provocan que barrios enteros se queden sin habitantes, que arruinan ayuntamientos y que llevan a la quiebra a numerosos bancos y a una compañía de seguros.

El año 2008 conoce el inicio de una crisis que pasa de ser financiera y de estar localizada a convertirse rápidamente en una crisis económica y global. Términos como «préstamos a alto riesgo», «activos tóxicos», «titulización», etc. pasan a formar parte del vocabulario cotidiano. A través de los fondos de inversión, estos activos tóxicos ponen en peligro a los grandes bancos europeos. Descubrimos la opacidad de los sistemas financieros y la arrogancia latente contenida en la expresión «Too big to fail» («Demasiado grande para caer») que califica a los grandes bancos, tanto estadounidenses como europeos. Distintos países se verán pronto obligados a acudir en su ayuda a base de planes de rescate y de miles de millones de dólares o euros.

En 2008, el sueño americano se convierte en pesadilla.

CONTEXTO

EL ESTABLECIMIENTO DE UN MECANISMO PERJUDICIAL

Los préstamos de alto riesgo

Los créditos *subprimes* («por debajo de lo óptimo») o de alto riesgo existen desde los años noventa y están inicialmente destinados a permitir el acceso a la propiedad a una población precarizada. Sin embargo, en la primera mitad de los años 2000 se desvían de este propósito, principalmente debido a sus tipos de interés más altos (y variables) y a la fiabilidad del entonces pujante mercado inmobiliario. Estos créditos, también conocidos como préstamos «Ninja» (que responde a *No income, no job, no assets*, es decir, «sin ingresos, sin empleo, sin activos»), representan un fantástico potencial de crecimiento para los banqueros, que se imaginan desde el principio la venta de estos préstamos a otros agentes financieros (bancos, aseguradoras, fondos de inversión).

Funciona así: a cambio de unos tipos de interés altos y a menudo variables, los préstamos de alto riesgo permiten a los hogares endeudarse más allá de su capacidad, apostando por el suave e interminable crecimiento del mercado inmobiliario. Así es como los hogares contraerán estos créditos, a veces varios para una misma casa. En caso de dificultades para cumplir con su compromiso, los clientes pueden:

- volver a pedir prestado un importe más elevado, basado en una revalorización al alza de sus bienes, para reembolsar las mensualidades de la primera financiación;
- capitalizar las tendencias del mercado y obtener un préstamo para comprar una vivienda de alquiler (edificios comprados con fines especulativos, generalmente divididos en varias viviendas alquiladas por el propietario o propietarios), cuyos ingresos deben teóricamente —si se mantiene el mercado inmobiliario— permitir financiar la amortización del primer préstamo.

Dado que estos préstamos proporcionan un período «atractivo» para el prestatario (por ejemplo, dos o tres años a un tipo fijo y relativamente bajo) antes de que se apliquen los tipos variables, el prestatario se imagina inicialmente que puede conseguir pagarlo; pero las situaciones de impago casi siempre ocurren al final del período de tipo fijo, lo que obliga al prestatario a incurrir en más deuda.

Entre 2001 y 2007, la deuda hipotecaria estadounidense casi se duplicará en términos absolutos. La deuda hipotecaria promedio de los hogares también aumenta, pasando de los 91 500 a los 149 500 dólares, con ingresos en su mayoría estancados (Universidad de Carolina del Norte en Chapel Hill 2012).

Al mismo tiempo, mientras los precios aumentan, los consumidores ahorran menos, gastan y piden más dinero prestado. Así pues, la deuda total de los hogares aumenta drásticamente, pasando de 7 400 000 millones de dólares a finales del 2000 a 14,5 billones de dólares a mediados de 2008, lo que representaba el 134 % de los ingresos familiares.

La titulización

Por medio de recompras y préstamos interbancarios, los préstamos concedidos por un banco se revenden a otro mayor en forma de unos valores intercambiables en los mercados. Cuanto más alta sea la tasa de endeudamiento inicial, más alta será la tasa de retorno sobre la inversión. Dado que el mercado inmobiliario se percibe como un mercado fiable y en crecimiento, los créditos inmobiliarios no inspiran una desconfianza particular en el mercado inmobiliario.

Agrupados con otros valores, los préstamos de alto riesgo se diseminan así entre los principales bancos de inversión, en los denominados productos financieros «complejos» (CDO, CDS).

- Un **Collateralized Debt Obligation** (CDO) u «obligación de deuda garantizada» es una mezcla de bonos u obligaciones *a priori* de riesgo (con una calificación crediticia mínima de B) que, cuando se colocan juntos en un nuevo producto financiero, se les atribuye una calificación favorable (triple A) por parte de las agencias de calificación. En la película *La gran apuesta* (2015), la CDO se explica a través de la siguiente metáfora: un cocinero con filetes de pescado sin vender (obligaciones B), que ya no puede servir porque no son frescos, decide cocinarlos en guiso, creando un nuevo producto

(CDO) que puede valorizar (triple A) e incluirlo en el menú de los días siguientes.

• Un **Credit Default Swap** (CDS) o «permuta de incumplimiento crediticio» es un instrumento creado a principios de los años 90 por Blythe Masters (operadora bursátil británica, nacida en 1969) del banco de inversiones JPMorgan. Designa una especie de contrato de seguro entre instituciones financieras, que puede ser integrado en un paquete de CDO. Al igual que en un contrato de seguro tradicional, tenemos a una persona que toma el seguro y a un vendedor que, contra el pago de una prima, se compromete a cubrir el riesgo de impago de los siniestros asegurados. Mientras no se produzca el riesgo, el asegurador cobra las primas y aumenta sus activos sin tener que invertir en contrapartida. Sin embargo, si el riesgo surge, debe pagar cantidades significativas de dinero. Pero aquí, a diferencia de los seguros convencionales, el vendedor del seguro no tiene que crear reservas. Por lo tanto, puede cubrir un riesgo que no puede asumir por sí mismo. Además, como estos pagos son inciertos, se registran fuera del balance. De este modo, los activos se generan por el hecho de pagar las primas, mientras que los riesgos se «ocultan», por así decirlo. Por consiguiente, este producto es un incentivo de riesgo tanto para el tomador como para el vendedor de este «seguro».

Por lo tanto, la titulización tiene la consecuencia (y el objetivo) de delegar el riesgo a uno o más operadores financieros distintos del que ha concedido el crédito. Se trata de un cambio profundo en la profesión del banquero: mientras que antes los bancos eran responsables del impago de sus clientes —tenían que protegerse contra este riesgo durante toda la duración del contrato—, ahora pueden deshacerse de este riesgo y, por tanto, también de su responsabilidad.

En esta perspectiva, el análisis de los riesgos se vuelve menos importante o incluso insignificante. Además, estos productos son tan complejos que al final es imposible saber a quién pertenece qué. En definitiva, este sistema de dilución se revela insuficiente, y los valores que comprenden los créditos de riesgo se concentran en las principales instituciones bancarias y de seguros.

Si bien el mecanismo es vicioso, crece hasta tal punto que los productos que integran estos préstamos de alto riesgo se acaban convirtiendo en verdaderas bombas de relojería para los bancos: en 1998, los préstamos de alto riesgo representaron alrededor del 2,8 % de los préstamos hipotecarios estadounidenses (Bartnik 2015). Esta tasa se elevará a más del 20 % a finales de 2006 (Karabell 2014), mientras que, en 2007, el 40 % de los nuevos préstamos hipotecarios son de alto riesgo.

ESPECULACIÓN Y EFECTO PALANCA

Si a todo esto sumamos el hecho de que alrededor del 40 % de los préstamos de alto riesgo son especulativos, en el sentido de que se relacionan con inmuebles de apartamentos de alquiler o residencias secundarias (Universidad de Carolina del Norte en Chapel Hill 2012), comprendemos por qué las *subprimes* conllevan un riesgo significativo. Cuando el mercado se derrumba, este sector especulativo caerá a mayor velocidad que el mercado residencial.

La naturaleza perniciosa de la titulización de las hipotecas de alto riesgo se ve aún más reforzada por el denominado «efecto palanca», es decir, la capacidad de un operador para aumentar la rentabilidad a través del endeudamiento. El apalancamiento se calcula comparando la rentabilidad financiera y económica.

La principal diferencia entre ambas estriba en el denominador: mientras que la rentabilidad financiera se calcula en relación con el patrimonio, es decir, la contribución real del prestatario, la rentabilidad económica se calcula sobre la base de la totalidad del capital comprometido, que también incluye la deuda. Mientras la evolución de los beneficios de la deuda supere a esta última, el apalancamiento es positivo y la rentabilidad del patrimonio aumenta. Los accionistas reciben dividendos sustanciales, que son especialmente interesantes:

- cuando solo aportan una parte del valor de la inversión;
- cuando el tipo deudor es bajo;
- cuando la ganancia es significativa.

Contexto

Tomemos el ejemplo clásico de la compra de un inmueble con 20 % de aportaciones privadas. El apalancamiento será de 4 (es decir, 80 % de préstamo/20 % de capital propio). Su efecto final será positivo si los alquileres cobrados son superiores al costo del crédito y si el valor estimado del bien aumenta.

- Compra del inmueble: 200 000 €.
- Aportación en capital propio: 40 000 €.
- Importe del préstamo: 160 000 €.
- Tipo deudor: 2 %.
- Ingresos de alquiler anual: 7200 € (o 600 € al mes).

Por lo tanto, la rentabilidad financiera ascenderá anualmente a: 7200 € (alquileres recibidos), de los cuales se deducirán 0 € (porque no hay impuestos sobre los ingresos de alquiler) y 3200 € (coste del crédito), es decir, un total de 4000 €. Este importe aún debe compararse con el patrimonio, que da un 10 % (4000 €/40 000 €). En cuanto a la rentabilidad económica, comparará los 7200 € de alquileres y el total del capital comprometido, es decir, 200 000 €, por lo que será del 3,6 %.

El apalancamiento es de 4, es decir, la relación entre la deuda (160 000 €) y el capital propio (40 000 €). En cuanto al efecto palanca, una forma simplificada de calcularlo es hacer la diferencia entre el tipo de rendimiento económico (3,6 %

en este caso) y el tipo de interés del préstamo (en nuestro ejemplo, del 2 %). Cuando este tipo es positivo, el efecto palanca también lo es, sobre todo porque se supone que, si todo va bien, aumentará con el tiempo en función de:

- la indexación de alquileres;
- la plusvalía obtenida por la propiedad;
- la disminución gradual de la participación de los intereses en el reembolso del préstamo.

Si se trata de un préstamo de alto riesgo para el que no se aporta ningún capital inicial, el apalancamiento es importante, pero el efecto palanca será nulo o negativo (si la propiedad está sobrevalorada y/o si el prestatario se hace con la capacidad de obtener un préstamo superior a su valor estimado en un principio). Incluso si se cobran rentas, la rentabilidad financiera será negativa desde el principio, ya que la aportación de capital propio es baja o nula y por esta misma razón los tipos de interés serán más altos.

- Compra del inmueble: 200 000 €.
- Préstamo del 110 % de su valor, es decir, 220 000 € al 4 % de interés, lo que da un coste de la deuda de 8800 €.
- Ingresos de alquiler anual: 7200 €.

Según esta hipótesis, la rentabilidad económica es del 3,3 %: es decir, 7200 € (beneficios) de 220 000 € (capital comprometido). El problema es que este rendimiento es inferior al tipo de interés (4 %), por lo que obtenemos un efecto palanca negativo a un máximo de 0,7 %.

Imaginemos ahora que deseo comprar un inmueble nuevo por 180 000 € (que también será el importe de mi nuevo préstamo) y que, para ello, aporto el valor de mi primer edificio (de un valor de 200 000 €) como garantía. Supongamos que para este nuevo edificio, la facturación sigue siendo de 7200 €. Según estos criterios, mi apalancamiento es del 1,1 % (200 000 € de mi aportación y 180 000 € de deuda). La rentabilidad económica será de 7200 € (ingresos) sobre los 380 000 € de la aportación total (que corresponde a capital propio más deuda). Esto nos da un 1,9 %.

Sin embargo, si mis ingresos ya no son de 7200 €, sino de 6000 €, mi rentabilidad económica se reduce al 1,57 %. Así, si mi tipo deudor es del 2 %, mi efecto palanca será negativo de nuevo. Este simple ejemplo deja entrever las consecuencias perniciosas del efecto dominó al que puede conducir una práctica de este tipo.

La inconsecuencia bancaria

En lo que respecta a los bancos, entra dentro de su competencia prestar más que sus propios fondos. Por lo tanto, su trabajo entraña inevitablemente una cuota de riesgo en caso de impago, sobre todo en caso de impago masivo. Por este motivo, deben respetarse las normas de precaución para limitar los efectos palanca y separar las actividades especulativas de riesgo de las actividades tradicionales. En este sentido, a menudo se recomienda que los bancos de depósito estén simplemente separados de los bancos de negocios o de inversión.

En cuanto a los fondos de inversión, su actividad es puramente especulativa. Esto les permite ofrecer altos tipos de interés. Al mismo tiempo, la tasa de riesgo también es más elevada, lo que implica que toleran niveles de efecto palanca igualmente altos. Dicho esto, en el momento de su quiebra, el banco estadounidense Bear Stearns presentaba un apalancamiento de 35 y el fondo de capital de riesgo Carlyle Capital Group de 32, mientras que los manuales económicos presentan la naturaleza positiva del principio del apalancamiento a partir de un rango de 2 a 5 (Lordon 2008).

En concreto, si retomamos nuestro ejemplo anterior, para una aportación de capitalpropio de 40 000 €, un apalancamiento de 30 supone una posible deuda del prestatario de 1 200 000 € (cuando el apalancamiento corresponde a la relación entre la deuda y el capital propio).

DESARROLLO

En 2007 se dan todos los ingredientes de una crisis:

- las tasas aumentan con la llegada de un plazo del periodo activo de las tasas atractivas y bajas y la aplicación de las tasas variables;
- un número importante de hogares se encuentra en situación de impago;
- la tasa de impago alcanza enseguida el 15 %.

Un total de 8 000 000 familias perderán sus casas a lo largo de ese año, ya sean propietarios o inquilinos de un propietario particular. Los embargos ascienden enseguida al millón anual, y la situación no se calma. Así, en septiembre de 2011, la Fed (siglas en inglés del banco federal estadounidense) todavía estimaba la tasa de ventas forzadas en un 40 % (L'Obs 2011). Un informe del 2011 del servicio de la Agencia Tributaria francesa estima un total de 17 millones de embargos inmobiliarios entre el inicio de la crisis en 2006 y la vuelta a la normalidad, que se preveía que fuera para 2015 (Sorbe 2009).

De repente, los bancos se dan cuenta de la importancia de los activos tóxicos, es decir, de la presencia en sus cuentas de activos especulativos de alto riesgo no identificados como tal. Como las actividades especulativas están inextricablemente entrelazadas con las actividades «tradicionales», caen juntas. Como ilustra el economista y sociólogo francés Frédéric Lordon (nacido en 1962) en su comedia *D'un retournement l'autre* (2011):

> «Esta maldita deuda, como ya sabe,
> Sale por la puerta y entra por la ventana.
> Los créditos titularizados son activos negociables.
> Se comen el mercado, como heno en el establo.
> Nuestro banco, mendigante, casi no me atrevo, *monsieur*,
> Está hasta el cuello, apenas puede respirar.
> Aquí estamos sobrecargados, al borde de la indigestión,
> Como una cloaca que se aleja del hogar
> Para de repente girar y regresar al váter—
> Nos bañamos en barro, estamos manchados»[1]
> (Lordon 2011).

---

1. Cita traducida por 50Minutos.es

En 2009, se estima que el valor del patrimonio del 23 % de los propietarios de viviendas que aún no han acabado de reembolsar sus hipotecas es inferior a las sumas prestadas. Pero esta tasa media del 23 % cubre realidades diferentes. En Nevada, por ejemplo, el 65 % de los propietarios están preocupados por este problema de sobrevaloración de su inmueble, mientras que son el 48 % en Arizona, o el 45 % en Florida (Halimi 2010). En 2012, este último estado incluso alcanzará el récord nacional de prestatarios incapaces de pagar sus préstamos: el 45 % (Universidad de Carolina del Norte en Chapel Hill 2012).

De la crisis de las hipotecas de alto riesgo a la crisis bancaria y financiera

El 10 de julio de 2007, la agencia de calificación Moody's baja la calificación de 400 bonos de riesgo, mientras que la semana siguiente el banco de inversiones Bear Stearns informa que su fondo de inversión ha perdido la mitad de su valor debido a los créditos de alto riesgo.

A principios de agosto de 2007, como consecuencia de la titulización, otras instituciones estadounidenses, australianas y europeas anuncian que están afectadas por este inicio de crisis. En Francia, el BNP suspende tres fondos de inversión vinculados a créditos de alto riesgo. También en agosto, los bancos centrales inyectan dinero para mantener a flote a las instituciones financieras en dificultades. El Bank of America acude al rescate de Countrywide, el primer prestamista inmobiliario del país amenazado de bancarrota, y le inyecta 2000 millones de dólares. Aunque estas contribuciones iniciales son importantes, no serán suficientes y deberán ser seguidas por otras en septiembre del mismo año.

El 14 de septiembre de 2007, el Banco de Inglaterra anuncia que ha tenido que conceder un préstamo urgente al quinto prestamista hipotecario más grande del país, Northern Rock. Aunque la crisis comienza a despegar, todavía estamos lejos de su clímax, que se alcanza un año después.

En diciembre de 2007, los bancos centrales siguen inyectando liquidez, lo que provoca que los mercados bursátiles se recuperen y que los tipos de interés estadounidenses aumenten. Este aumento agravará, en cierta medida, la crisis de las hipotecas de alto riesgo; en cualquier caso, afectará a los préstamos cuyos tipos de interés variables estaban vinculados a los de la Reserva Federal de los Estados Unidos (Fed).

En marzo de 2008 se produce una nueva inyección de liquidez de la Fed, que concede un préstamo de 30 000 millones de dólares al banco JPMorgan.

El 30 de julio, el presidente estadounidense George W. Bush (nacido en 1946) toma una serie de medidas, que incluyen la creación de un fondo de 300 000 millones de dólares para ayudar a los prestatarios hipotecarios en dificultades. También proporciona ayuda de emergencia a las organizaciones paraestatales Freddie Mac y Fannie Mae. A pesar de estos esfuerzos, estos últimos deberán ser puestos bajo tutela en septiembre de 2008. Para entonces, el coste para el Gobierno de los Estados Unidos podría elevarse a los 200 000 millones de dólares.

De la crisis bancaria y financiera a la crisis económica mundial

Los días 15, 16 y 18 de septiembre de 2008, las cosas se aceleran aún más:

- el 15, el banco de inversión Lehman Brothers se declara en quiebra;
- el 16, la Fed concede un préstamo de 85 000 millones a la aseguradora AIG, al borde de la quiebra;
- dos días más tarde, debe inyectar 180 000 millones de dólares en los mercados, mientras que el Banco Central Europeo (BCE) hará lo mismo aportando la cantidad de 40 000 millones de dólares.

A finales de mes, Bélgica, los Países Bajos, Luxemburgo y Francia se precipitan a ayudar a los bancos BNP (con una nacionalización parcial, ya que un Estado tiene más recursos que una empresa privada y se supone que no va a quebrar) y Dexia (con una adquisición de capital por valor de 6400 millones de euros).

El mes siguiente, el plan Paulson para los bancos estadounidenses incluye la creación de un fondo público de 700 000 millones para recomprar préstamos de alto riesgo y estabilizar los mercados. En Europa, los países del G7 acordarán lanzar un plan análogo para rescatar el sistema financiero. Pocos días después, el 13 de octubre, el Gobierno francés decide proceder a la inyección de 10 500 millones de euros en los seis principales bancos del país.

En abril de 2008, el FMI (Fondo Monetario Internacional) calcula que el coste de la crisis asciende a un billón de dólares, mientras que la OCDE (Organización para la Cooperación y el Desarrollo Económicos) estima que las pérdidas relacionadas con los créditos de alto riesgo ascienden a 422 000 millones de dólares.

Las sumas en juego son mareantes. El que esta crisis pueda ser considerada como un acontecimiento importante en la historia económica contemporánea se debe sin duda alguna a su magnitud —se calcula que los bancos pierden en total 700 000 millones de dólares (Couderc y Montel-Dumont 2010)—, pero también a su alcance y a sus consecuencias.

REPERCUSIONES

LOS ESTADOS AL RESCATE

En los Estados Unidos, aunque se privilegian los acuerdos entre actores privados, el Estado debe intervenir. El rescate de Bear Stearns cuesta 29 000 millones de dólares; otros 200 millones se gastan en Fannie Mae y Freddie Mac. También apoya el rescate de la aseguradora AIG —cuyo colapso se considera catastrófico— con el 79,9 % del capital entrando a través de la inyección de 85 000 millones de dólares.

Por otra parte, el Estado no interviene para Lehman Brothers: su caída repercute en toda Europa, sobre todo por sus numerosas filiales situadas en el viejo continente; las pérdidas se estiman en 500 millones de euros en cada uno de los dos mayores bancos franceses. Por estas razones, es esta quiebra la que revela los activos tóxicos que poseen los bancos europeos.

Por su parte, Inglaterra tendrá que pagar 35 000 millones de euros para salvar a Northern Rock, más 40 000 millones en garantías de Estado.

Alemania se hará cargo del gasto a través de consorcios privados y públicos: privilegia el rescate de bancos públicos regionales por 8000 millones de euros por parte de un organismo público más grande, más un préstamo total de 26 000 millones de euros concedido por un consorcio público-privado para el rescate del banco Hypo Real Estate.

Los casos de Fortis y de Dexia son más complejos. Como la contribución conjunta de 16 800 millones de euros de Bélgica y los Países Bajos para salvar a Fortis resulta insuficiente, los dos Estados deciden nacionalizar elementos del banco-aseguradora belgo-holandés.

- Los Países Bajos nacionalizan en primer lugar Fortis NL y le conceden un crédito suplementario de 34 000 millones de euros.
- Bélgica nacionaliza Fortis Banque Belgium y Fortis Assurance. Estas dos actividades serán asumidas por el francés BNP Paribas, al 100 % para los seguros y al 75 % para el banco. De esta manera, Bélgica sigue siendo accionista del grupo BNP Paribas Fortis por poco más del 11 %. También retiene el 90 % de los activos de riesgo del antiguo Fortis Banque Belgium,

que se transfieren a una estructura de «banco malo» para venderlos al mejor precio. El objetivo de estas estructuras es sanear las cuentas eliminando los activos defectuosos de los balances de los grandes bancos para evitar la quiebra. Cabe señalar que no todos los activos de riesgo aislados de esta forma serán problemáticos. Por lo tanto, a largo plazo, pueden ser cobrados o renegociados. Además, para los bancos es importante recuperar la confianza de los clientes e inversores «tradicionales» y, por lo tanto, identificar claramente las inversiones de riesgo en sus activos.

Por lo que se refiere a Dexia, los tres países concernidos (Bélgica, Francia y Luxemburgo) organizan conjuntamente su rescate. Juntos, inyectan 6400 millones de dólares y garantizan el 100 % de los nuevos bonos emitidos.

LOS BANCOS ECHAN MANO A LA CARTERA

En los Estados Unidos, cinco grandes bancos (Wells Fargo, Bank of America, JPMorgan Chase, Citigroup y Ally Financial) han llegado a un acuerdo por valor de 25 000 millones de dólares para protegerse de demandas por ejecuciones hipotecarias abusivas. Además de esta multa colectiva, aquí están algunas de las multas individuales que los bancos pagarán:

- JPMorgan Chase acuerda pagar 13 000 millones de dólares en el marco de un acuerdo extrajudicial para indemnizar a los particulares;
- El Bank of America paga 11 600 millones de dólares a la institución de refinanciación Fannie Mae antes de pagar 8500 millones para indemnizar a un grupo de inversores en junio de 2011. Finalmente, a principios de 2014, el propio Bank of America es declarado culpable de fraude contra las dos agencias estadounidenses paraestatales de regulación y refinanciación hipotecaria, Fannie Mae y Freddie Mac. Se le acusa de ocultar voluntariamente la naturaleza arriesgada de una parte de sus activos y se le impone una multa de 9500 millones de dólares;
- A su vez, Citigroup recibe una multa de 7000 millones de euros por haber vendido valores respaldados por créditos de alto riesgo.

DUDAS SOBRE LAS DEUDAS SOBERANAS

Debido a la depreciación de una serie de activos, el primer impacto se produce en la liquidez de los bancos, que, como hemos visto, deben ser rescatados enseguida por fondos públicos.

Sin embargo, más allá de eso, lo que se instala es la desconfianza: primero con respecto a los activos dudosos, y luego entre los bancos y sus clientes. Las condiciones de acceso al crédito se endurecen a medida que aumenta la incertidumbre, ya sea en forma de crédito a particulares o a empresas.

Aunque en periodos de crecimiento aumentan los gastos, estos disminuyen en periodos de recesión, lo que contribuye a aumentar el efecto. Además de las quiebras, se pierden muchos puestos de trabajo, mientras que otros no se renuevan (contrato temporal, de interinidad, etc.) o simplemente no se crean. Las finanzas públicas se deterioran como consecuencia de los rescates bancarios y de la recesión que empieza, mientras que la deuda de las administraciones públicas ya es elevada.

Los Estados se enfrentan entonces a un dilema:

- o bien activan planes de recuperación económica que, a corto plazo, tienen un impacto negativo en las finanzas públicas;
- o, por el contrario, limitan el gasto público mediante planes de austeridad, que a su vez amenazan con aumentar la amplitud de la recesión.

Para algunos países, como Grecia, España o Portugal, los Estados consideran que el riesgo de impago es crítico. Con todo, en el caso de Grecia, el 80 % de la deuda del país está en manos de otros bancos europeos. La crisis afecta ahora a la deuda soberana de los países.

A pesar de que tradicionalmente se consideraba que esta deuda estaba exenta de riesgos, ahora se cuestiona esta confianza ciega: a partir del momento en que la deuda pública es tan alta que una parte de la misma nunca será reembolsada, se pone en tela de juicio la solvencia supuestamente infalible de los Estados. En caso de quiebra, los acreedores deben efectivamente proceder a la condonación de la deuda. Pero, ¿es posible prever realmente la bancarrota de un

Estado dentro de la unión económica y monetaria europea?

Así pues, al igual que los consumidores insolventes, los Estados que se consideran arriesgados deben pagar a su vez tipos de interés más altos. Así pues, en 2010, Grecia tiene que pedir un préstamo a un tipo de interés superior al 9 %, mientras que los tipos de interés en 2009 y 2008 se situaban en torno al 5 %. Y esto es solo el comienzo: en 2011, estos tipos se elevan al 15,75 % y alcanzan el 22,50 % en 2012. Para los mismos años, el rendimiento de los bonos a largo plazo (10 años) es del 2,74 % en 2010, del 2,61 % en 2011 y del 1,50 % en 2012 para Alemania, y del 3,46 %, del 4,23 % y el 3 % respectivamente para Bélgica. En 2015, mientras que en Alemania y Bélgica ven cómo los tipos de interés caen por debajo del 1 %, los griegos siguen todavía cerca del 10 %.

REFLEXIONES SOBRE LA EQUIDAD ECONÓMICA

Las interacciones entre los Estados y los bancos son complejas. Por una parte, los Estados desempeñan un papel de control y de reglamentación del sector financiero —un papel en el que han fracasado en gran medida— pero, por otra parte, necesitan urgentemente a los bancos, sus organismos de préstamo. Esto explica por qué la función del Estado es compleja, ya que es tanto cliente como autoridad supervisora. Cuanto más fuerte es el banco, menos poder tiene el Estado. Los principales compradores de bonos del Estado son bancos nacionales, europeos e internacionales.

El banco adquirente inicial también puede revender la deuda después de cierto tiempo. Luego, esta se convierte en negociable en los mercados, a disposición de otros inversores. En 2010, la Agencia Tributaria francesa estima que un tercio de la deuda francesa pertenece a inversores franceses, otro tercio a inversores europeos y el tercio restante a extranjeros no europeos.

Esta proporción de titulares no nacionales era del 20 % una quincena de años atrás (Pottier 2011), algo que puede plantear un problema en la medida en que estos inversores pueden tener preocupaciones distintas (desde un punto de vista medioambiental, ético, etc.) a las del

Estado cuya deuda poseen, que puede como consecuencia perder libertad de acción.

Imaginemos ahora que la deuda de un país está en manos de un puñado de inversores: estaría, por así decirlo, a su merced. Podemos pensar en Pablo Escobar (célebre narcotraficante colombiano, 1949-1993) que, a mediados de los años ochenta, propuso recomprar la deuda de Colombia a cambio de entrar en política.

Tras la crisis de 2008 surgen iniciativas relacionadas con la finanza ética, local, sostenible y responsable. Sin embargo, su importancia sigue siendo marginal en relación con la totalidad del sector financiero. Por otra parte, si analizamos estos proyectos con más atención observamos que no tienen nada de novedoso: ya formaban parte integrante de los «antiguos» bancos, de los bancos públicos, de los bancos anteriores a los consorcios, como Crédit communal en Bélgica o Crédit municipal en Francia.

Las finanzas, tal como se conciben en una economía capitalista liberal, no integran *a priori* una dimensión ética en su funcionamiento, pero los retos que plantea generan inevitablemente consecuencias socioeconómicas de las que depende en gran medida el destino de la sociedad. Puesto que se habla de la financierización del mundo, estas cuestiones son cada vez más apremiantes.

En este contexto, ¿las finanzas pueden seguir privatizando sus beneficios al tiempo que ponen en común los riesgos en caso de quiebra? ¿Pueden jugar con la economía real, ganar dinero con el dinero y luego dejar que los contribuyentes salgan mal parados cuando sus errores se vuelvan incontrolables?

El propósito de las finanzas ya no es ver el dinero como una herramienta, sino como una meta. Este hecho alberga una paradoja esencial que va siendo hora de reexaminar.

¿Y EN LA ACTUALIDAD?

¿Qué hemos aprendido de los sinsabores del año 2008? ¿Los préstamos de hoy son más seguros que los de ayer? Parece que este no es necesariamente el caso. Los créditos de alto riesgo están de vuelta, sobre todo en lo que se refiere al crédito al consumo. De hecho, los Estados Unidos están empezando a conceder nuevos préstamos a los clientes en situación de riesgo —esta vez para la compra de automóviles—, incluso cuando la tasa de impago de estos préstamos llega a un punto máximo.

Además, el caso de los préstamos estudiantiles estadounidenses es cada vez más preocupante (Lauer 2015). La Fed calcula su valor total en 16 billones de dólares (para una cantidad individual promedio de aproximadamente 30 000 dólares).

¿Qué pasará si el acceso al empleo no se produce? En junio de 2014, el presidente Obama (nacido en 1961), consciente de este problema, decidió por decreto que la cantidad máxima de reembolso se limitaría al 10 % de los ingresos del joven graduado. La medida, que ya existía para los préstamos contraídos después de 2007, estaba desde ese momento disponible para los prestatarios que hubieran firmado antes de ese año. Desafortunadamente, a pesar de todo esto, las finanzas con conciencia aún no están de moda.

EN RESUMEN

- El punto de partida de la crisis de 2008 nace con la explosión de la burbuja especulativa inmobiliaria en los Estados Unidos.
- A esta primera especulación se añade otra, en este caso una especulación económica.
- Esta especulación económica se hace posible gracias a los mecanismos de titulización y a la creación de productos financieros complejos: CDO (*Collateralized Debt Obligation*) y CDS (*Credit Default Swaps*).
- La particularidad de estos productos no es solo permitir que los prestamistas se deshagan del riesgo vinculado al crédito, sino también asegurar, reasegurar y especular sobre el mismo valor inicial. De esta manera, las deudas incobrables se transforman en activos canjeables cuyo valor puede multiplicarse...
- Este es el motivo por el que la crisis ha alcanzado tal escala: el importe total de las hipotecas de alto riesgo se estima en 11 billones de dólares. ¿Cómo podría haber costado tanto la crisis y cómo podría haber tenido tales reper-

cusiones, sino a través de la especulación y los apalancamientos temerarios?

- Otra peculiaridad de esta crisis es que revela la interrelación entre bancos y la titulización cruzada a nivel internacional. Al final del día, ya no sabemos quién es dueño de qué. Así pues, los activos que pueden considerarse tóxicos ya no solo no están claramente identificados como tales, sino que además se encuentran distribuidos en el seno de un gran número de instituciones financieras.
- Entre 2007 y 2014, se preveía que la tasa de endeudamiento público mundial creciera un promedio de entre el 5,8 % (antes de la crisis) y el 9,7 %, lo que representa 25 billones adicionales de deuda pública.

¡Tu opinión nos interesa!
¡Deja un comentario en la página web de tu librería en línea,
y comparte tus favoritos en las redes sociales!

PARA IR MÁS ALLÁ

FUENTES BIBLIOGRÁFICAS

- Bartnik, Marie. 2015. "Comprendre la crise des subprimes en quatre questions simples". *Le Figaro*. 3 de septiembre. Consultado el 23 de enero de 2018. http://www.lefigaro.fr/economie/le-scan-eco/explicateur/2015/09/03/29004-20150903ART-FIG00126-la-crise-des-subprimes-en-quatre-questions.php

- Bernard, Philippe. "À Orlando, les expulsés du 'rêve américain' vivent un enfer". *Le Monde*. 4 de abril. Consultado el 23 de enero de 2018. http://www.lemonde.fr/ameriques/article/2012/04/23/a-orlando-les-expulses-du-reve-americain-vivent-un-enfer_1689699_3222.html

- Couderc, Nicolas y Olivia Montel-Dumont. 2010. "D'une crise à l'autre. Des subprimes à la crise mondiale". *Les politiques économiques à l'épreuve de la crise. Cahiers français*, n.º 359.

- Delion, André. 2008. "La crise financière et le retour des États". *Revue française d'administration publique*, vol. 4, n.º 128, 799-816.

- Halimi, Serge. 2010. "Cleveland contre Wall Street, les subprime au cinéma". *Le Monde diplomatique*. 20 de agosto. Consultado el 23 de enero de

- 2018. http://www.monde-diplomatique.fr/carnet/2010-08-20-Cleveland-contre-Wall-Street

- Karabell, Zacchary. 2014. "Les prêts subprime sont de retour, et c'est une bonne chose". Traducido al francés por Jean-Clément Nau. *Slate*. Octubre. Consultado el 23 de enero de 2018. http://www.slate.fr/story/92621/subprimes

- L'Obs. 2011. "À l'origine de la crise des subprimes, le marché immobilier américain". *L'Obs*. 2 de septiembre. Consultado el 24 de enero de 2018. https://www.nouvelobs.com/economie/20110902.OBS9700/a-l-origine-de-la-crise-des-subprimes-le-marche-immobilier-americain.html

- La documentation Francaise, "Crise financière 2007-2008: les raisons du désordre mondial – chronologie", 2008. Consultado el 23 de enero de 2018. http://www.ladocumentationfrancaise.fr/dossiers/crise-financiere-2007-2008/chronologie.shtml

- Lauer, Stéphane. 2015. "Les dettes des étudiants inquiètent les États-Unis". *Le Monde*. 18 de febrero. Consultado el 23 de enero de 2018. http://www.lemonde.fr/economie/article/2015/02/18/les-dettes-des-etudiants-inquietent-les-etats-unis_4578459_3234.html

- Le Monde y AFP. 2015. "Les États-Unis, spécialistes des amendes records pour les banques". *Le Monde*. 15 de julio de 2014. Consultado el 23 de enero de 2018. http://www.lemonde.fr/economie/

article/2014/07/14/les-dix-plus-grosses-amendes-infligees-par-les-etats-unis-aux-banques-en-trois-ans_4456986_3234.html

- Lordon, Frédéric. 2008. "Quatre principes et neuf propositions pour en finir avec les crises financière". *Le Monde diplomatique.* 23 de abril. Consultado el 23 de enero de 2018. http://blog.mondediplo.net/2008-04-23-Quatre-principes-et-neuf-propositions-pour-en

- Lordon, Frédéric. 2011. *D'un retournement l'autre.* París: Seuil.

- OCDE, "Taux d'intérêt à long terme". Consultado el 23 de enero de 2018. https://data.oecd.org/fr/interest/taux-d-interet-a-long-terme.htm

- Pottier, Jean-Marie. 2011. "Comment on achète de la dette publique". *Slate.* 12 de enero. Consultado el 23 de enero de 2018. http://www.slate.fr/story/32511/dette-France-marches

- Sorbe, Stéphane. 2009. "Saisies immobilières aux États-Unis et pertes des institutions financières". *Trésor-éco*, n.° 57.

- Universidad de Carolina del Norte en Chapel Hill, Departamento de Estadísticas e Investigación Operativa, "Subprime Mortgage Crisis", 2012. Consultado el 23 de enero de 2018. http://www.stat.unc.edu/faculty/cji/fys/2012/Subprime%20mortgage%20crisis.pdf

FUENTES COMPLEMENTARIAS

- Jovanovic, Pierre. 2011. *Blythe Masters. La banquière de la JP Morgan à l'origine de la crise mondiale.* París: Le jardin des Livres.

- Lewis, Michael. 2010. *Le casse du siècle.* París: Sonatine.

- Sandel, Michael J. 2012. *What Money Can't Buy. The Moral Limits of Markets.* Londres: Allen Lane.

PELÍCULAS Y DOCUMENTAL

- *Cleveland contra Wall Street.* Dirigido por Stéphane Bron. Suiza: Les Films Pelléas, Arte France Cinéma y Télévision Suisse-Romande (TSR), 2010.

- *Margin Call.* Dirigida por Jeffrey C. Chandor, con Kevin Spacey, Jeremy Irons, Paul Bettany y Zachary Quinto. Estados Unidos: Lionsgate Films y Benaroya Pictures, 2011.

- *La gran apuesta.* Dirigida por Adam McKay, con Christian Bale, Steve Carell y Ryan Gosling. Estados Unidos: Plan B Entertainment y Regency Enterprises, 2015.

www.50Minutos.es

ISBN ebook: 9782808007047

ISBN papel: 9782808008303

Depósito legal: D/2018/12603/49

Libro realizado por <u>Primento</u>, *el socio digital de los editores*